L'encyclopédie Larousse des 6/9 ans

La vie des animaux

Textes :
Barbara Paviet

Illustrations :
Florence Guiraud
Guillaume Decaux

Direction de la publication : Philippe Merlet
Direction éditoriale : Françoise Vibert-Guigue, Brigitte Bouhet, Nathalie Weil
Direction artistique : Frank Sérac
Lecture-correction : Jacqueline Peragallo
Fabrication : Jacques Lannoy
Conception graphique et réalisation : A noir / Simon de la Porte

L'encyclopédie Larousse des 6/9 ans

La vie des animaux

LAROUSSE

La vie des animaux

LES ANIMAUX ET LEURS PETITS

Beaucoup d'animaux naissent dans un œuf.

Certaines mamans animaux s'occupent longtemps de leurs petits.

Mâles et femelles ne vivent pas toujours ensemble. Ils se retrouvent pour faire des petits.

Faire des petits

Le but de tous les animaux, c'est d'avoir des petits. Pour cela, il faut qu'un mâle et une femelle se fassent la cour. On appelle ce moment de rencontre amoureuse la parade nuptiale.

Les hirondelles mâles doivent avoir les **plumes de la queue** longues et régulières pour séduire les femelles.

Être le meilleur !

Chez la plupart des animaux, c'est le mâle qui fait tout pour conquérir une femelle. Un cerf, un oiseau ou un poisson ne s'y prennent pas de la même façon, mais chaque mâle cherche le même résultat : montrer à une femelle qu'il est le plus « beau » et le plus fort et qu'il fera donc des petits beaux et en bonne santé.

Une belle **crête rouge** et bien haute est un signe de bonne santé chez les coqs. Elle attire les poules.

Le **cerf brame** pour attirer les biches. Si ses bois* sont forts, longs et brillants, il a de bonnes chances de plaire aux femelles, car cela signifie qu'il est en bonne santé.

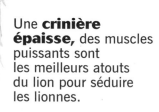

Une **crinière épaisse,** des muscles puissants sont les meilleurs atouts du lion pour séduire les lionnes.

? Chez les animaux, comment reconnaît-on un mâle d'une femelle ?

Chez beaucoup d'animaux, le mâle est plus coloré ou plus grand que la femelle, ou bien il a de plus grandes cornes.

La femelle est moins belle ?

Disons qu'elle est moins colorée, moins voyante, mais c'est pour passer inaperçue et s'occuper discrètement de ses petits. C'est sa façon à elle de les protéger de leurs ennemis.

Si la femelle était plus forte, pourrait-elle défendre ses petits ?

Sûrement, mais elle prendrait quand même le risque d'être tuée. Et les petits ne peuvent pas survivre sans leur mère : elle seule sait comment s'occuper d'eux. Le mâle ne peut pas la remplacer.

La loi du plus fort

À l'automne, dans les forêts, les cerfs poussent de puissants cris rauques : on dit qu'ils brament*. Ils cherchent ainsi à attirer des biches et, en même temps, à empêcher d'autres cerfs de s'approcher d'elles.

La danse du grand tétras

Pour séduire les femelles, le mâle étale les plumes de sa queue puis il va et vient en poussant des cris étranges.

11

Tout pour plaire

Pour conquérir les femelles, les mâles utilisent toutes sortes de moyens : certains chantent leur amour, d'autres montrent leurs couleurs extraordinaires, il y en a même qui offrent des petits cadeaux !

L'**araignée fait des cadeaux**
Chez l'araignée épeire, le mâle est beaucoup plus petit que la femelle et s'il s'aventurait sur sa toile, elle le mangerait! Pour la séduire, il lui offre une mouche. Pendant qu'elle se régale, il peut lui faire la cour sans danger.

Les **crapauds chantent en chœur**
Au printemps, les crapauds mâles se rassemblent et chantent tous ensemble. Le chant d'un seul crapaud n'est pas très puissant, mais quand ils sont dix, vingt ou même cent à chanter, cela attire les femelles !

L'**éléphant sent bon**
À la saison des amours, un liquide huileux coule sur les joues de l'éléphant mâle. Ce liquide dégage une odeur qui attire les éléphantes. Celles-ci viennent alors à la rencontre du mâle et acceptent ses caresses.

Le **martin-pêcheur offre des poissons** pour séduire sa femelle.

Du rouge au bleu
D'ordinaire semblable à un banal poisson rouge, le combattant mâle change totalement de couleur à la saison des amours : il devient bleu !

Le **paon fait la roue**
Le paon compte sur les magnifiques couleurs de son plumage pour impressionner les femelles. Mais il ne se contente pas d'être très coloré, il fait le beau en étalant les longues plumes de sa queue.

? Est-ce que les animaux parlent entre eux ?
Pas exactement, mais ils sont capables de communiquer à distance par des sons, des parfums ou des attitudes qui signifient tous quelque chose.

Comment font-ils pour se comprendre ?
Un petit pourra faire comprendre qu'il a faim, une mère indiquera à son petit de la suivre. Le plus souvent, ils le font en émettant des cris particuliers.

Est-ce que des animaux d'espèces* différentes peuvent se comprendre ?
Non, mais certains signaux peuvent être compris par tous les animaux : par exemple, « attention, je suis dangereux ! » ou encore « fuyez, un ennemi approche ! ».

13

La naissance des petits

Comme les bébés humains, les petits de certains animaux se développent dans le ventre de leur mère et naissent au bout de plusieurs mois : ce sont des mammifères.

La **girafe** a 1 petit tous les 2 ans.

Le **tigre** a 1 à 6 petits 1 fois tous les 2 ans.

La **vache** a 1 petit par an.

L'**écureuil** a 2 à 5 petits, 2 fois par an.

Le **rat** a 2 à 22 petits, 12 fois par an.

Enfant unique ou famille nombreuse

Les très grands animaux ont en général un seul bébé par an, parfois même moins : un bébé tous les quatre ans pour la maman éléphant. À l'inverse, beaucoup de petits animaux donnent naissance à des dizaines de bébés chaque année ! C'est le cas des souris ou des rats.

? **Est-ce qu'il y a des souris dans toutes les maisons ?**
Non, il y en a surtout à la campagne, et les personnes prévoyantes installent des pièges pour les attraper.

Si les souris ont fait des petits avant d'être attrapées, peut-il y avoir beaucoup de souris ?
Non, car lorsqu'une souris met au monde 6 ou 7 souriceaux, la plupart meurent très vite, de faim, de maladie ou d'un accident avec les griffes d'un chat…

En reste-t-il quand même quelques-unes ?
En général, il reste juste assez de petits pour remplacer les adultes qui sont morts entre-temps. Il y en a donc toujours à peu près le même nombre.

Bien à l'abri pour se reposer

Quand elles mettent au monde leurs petits,
les mamans animaux sont toutes seules ;
le mâle ne les accompagne pas.
Après l'accouchement, elles sont fatiguées
et elles ne peuvent pas s'enfuir en cas
de danger. Elles doivent donc se cacher
jusqu'à ce qu'elles aient repris
des forces et que leurs petits
soient capables
de les suivre.

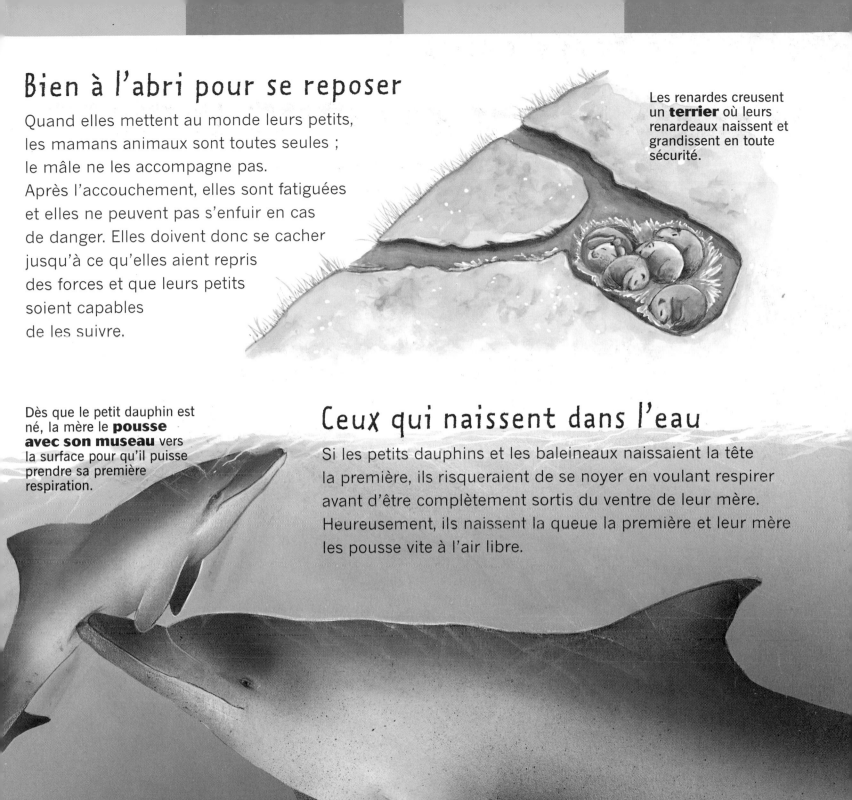

Les renardes creusent
un **terrier** où leurs
renardeaux naissent et
grandissent en toute
sécurité.

Dès que le petit dauphin est
né, la mère le **pousse
avec son museau** vers
la surface pour qu'il puisse
prendre sa première
respiration.

Ceux qui naissent dans l'eau

Si les petits dauphins et les baleineaux naissaient la tête
la première, ils risqueraient de se noyer en voulant respirer
avant d'être complètement sortis du ventre de leur mère.
Heureusement, ils naissent la queue la première et leur mère
les pousse vite à l'air libre.

Naître dans un œuf

Tous les bébés animaux ne grandissent pas dans le ventre de leur mère. La plupart se développent à l'intérieur d'un œuf : les oiseaux, les reptiles, les poissons, les insectes.

Les oiseaux

Toutes les femelles oiseaux pondent des œufs. Certaines les déposent dans un nid fait de brindilles et d'herbes. D'autres ne construisent pas de nid : elles pondent à même le sol. Généralement mâles et femelles couvent à tour de rôle.

Chez le crapaud alyte, la femelle pond, et le **mâle porte les œufs** sur son dos pendant 3 semaines.

Eux aussi pondent des œufs

Les crocodiles, les serpents, les tortues, les crapauds pondent eux aussi des œufs. Tous ces œufs ne se ressemblent pas. Seuls les œufs d'oiseau et de quelques insectes ont une coquille dure. Les autres œufs ont une coquille molle. Mais, dans chaque œuf, on trouve à peu près la même chose que dans un œuf de poule.

La couleuvre **abandonne ses œufs** dans l'herbe. Selon la température, les petits naissent 5 à 8 semaines plus tard.

Les tortues marines **enterrent leurs œufs** dans le sable.

Le **poussin grossit** à l'intérieur de l'œuf.

Il **brise la coquille** de l'œuf avec son bec.

Le moment où il sort de sa coquille s'appelle l'**éclosion**.

De l'œuf au poussin

Pour qu'il y ait un poussin dans un œuf, il faut que la poule ait été fécondée* par un coq. Mais il faut aussi que l'œuf soit gardé au chaud. Pour cela, la poule se pose délicatement sur ses œufs et les réchauffe pendant 21 jours : elle couve.

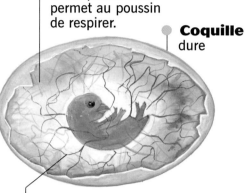

La poche d'**air** permet au poussin de respirer.

Coquille dure

Le **blanc** et le **jaune** sont des réserves de nourriture.

Peut-il y avoir un poussin dans les œufs qu'on mange ?
Non parce qu'il n'y a jamais de coq dans les élevages de poules. Et dans les fermes où il y a des coqs, les fermiers récoltent les œufs chaque jour : la poule ne peut donc pas les couver et les poussins ne peuvent pas se développer.

Combien d'œufs une poule peut-elle pondre ?
Elle en pond un par jour, rarement plus. Le record de ponte est détenu par une poule qui a pondu 371 œufs en une année.

Pour qu'une poule ponde des œufs, faut-il toujours qu'il y ait un coq ?
Non, avec ou sans coq, la poule pond. Mais, s'il y a un coq dans la basse-cour et si la poule couve ses œufs, alors, elle aura des poussins.

Surveillés par leur mère, les petits **crocodiles** naissent 2 ou 3 mois après la ponte des œufs.

Tout seuls...

Quand les œufs éclosent, beaucoup de petits doivent se débrouiller tout seuls, car leur mère ne prend pas soin d'eux. Ces petits orphelins de naissance savent pourtant très bien survivre sans aucune aide.

Des bébés sans maman

Tous les bébés animaux n'ont pas la chance d'avoir une maman qui les protège et s'occupe d'eux. Beaucoup ne voient même jamais leur mère. La plupart des insectes, des poissons, des grenouilles, des lézards, des serpents et des tortues pondent des œufs qu'ils abandonnent aussitôt et laissent se développer tout seuls.

LA COURSE DES BÉBÉS TORTUES

Les tortues marines pondent leurs œufs **sur la plage.** Elles les recouvrent de sable et retournent dans la mer.

De la chenille au papillon

Les femelles papillons pondent leurs œufs sur des feuilles puis les abandonnent. Après deux semaines environ, une petite chenille sort de chaque œuf. Elle est capable de se débrouiller toute seule : elle va se nourrir des feuilles puis se transformer à son tour en papillon. Sa maman ne s'est jamais occupée d'elle mais, en pondant ses œufs sur des plantes, elle s'est assurée que les petites chenilles allaient pouvoir se nourrir et devenir de beaux papillons.

Les bébés tortues sortent de leur nid de sable chauffé par le soleil après 2 ou 3 mois. Ils doivent se dépêcher d'**atteindre la mer** avant que les oiseaux et les crabes ne les attrapent.

Une fois dans l'océan, les chances de survie des bébés tortues sont plus grandes. Mais attention aux requins et aux autres gros poissons !

? **Est-ce que les bébés animaux sont malheureux sans leur mère ?**
Non, c'est ainsi qu'ils ont toujours vécu.

Comment peuvent-ils se débrouiller sans leur mère ?
Ils savent naturellement ce qu'ils doivent manger et comment ils peuvent se cacher pour survivre : c'est leur instinct. Mais beaucoup se font manger ou meurent de faim.

Est-ce que beaucoup de bébés animaux meurent ?
Ils ne meurent pas tous ! De toute façon, comme il y a beaucoup d'œufs, il y en a toujours quelques-uns qui survivent.

Grandir en famille

aSi beaucoup de bébés animaux doivent se débrouiller tout seuls dès leur naissance, d'autres ont besoin de leurs parents, et surtout de leur maman, pour les nourrir, les protéger et leur apprendre à grandir.

Les bébés manchots

Les manchots vivent dans les immensités glacées de l'océan Antarctique, près du pôle Sud. Chaque automne, ils se regroupent par centaines pour pondre et élever leurs petits. C'est le père qui couve l'œuf pendant que la femelle part pêcher dans l'océan. La mère revient pour la naissance de son petit.

Un père qui couve !
Pendant 2 mois, sans bouger ni manger, le père manchot garde l'œuf au chaud sous son ventre.

Bien au chaud dans sa poche
La maman kangourou garde son petit pendant 7 mois dans une poche située sur son ventre.

Bien cachés !
Dès que la maman renarde sent un danger, elle emporte ses petits dans sa gueule pour les mettre à l'abri dans une nouvelle cachette.

Sous les ailes de maman poule
Quand les poussins ont peur ou quand ils ont froid, la maman poule les protège en les prenant sous ses ailes.

Les jeunes manchots sont gardés en **crèches** par quelques mamans, pendant que leurs parents vont pêcher.

Le papa et la maman manchot **nourrissent** leur petit à tour de rôle.

Est-ce que les papas animaux s'occupent de leurs bébés ?
La plupart ne s'en occupent pas du tout ; ils laissent cette tâche à la maman.

Est-ce qu'ils abandonnent complètement leur famille ?
Non, la plupart des papas animaux protègent farouchement leur famille. Quand un danger survient, le mâle vient au secours de la femelle et des petits.

Qui donne à manger aux petits ?
C'est la maman. Mais chez beaucoup d'animaux, c'est le papa qui rapporte de la nourriture à sa famille.

À cinq mois, les jeunes manchots sont devenus grands. Ils sont prêts à partir en mer.

Des bébés joueurs

Comme les enfants, les bébés animaux adorent jouer et passent le plus clair de leur temps à se poursuivre ou à se bagarrer.

Le petit tigre

En luttant avec sa mère, le petit tigre apprend à se défendre.

Les éléphanteaux

En jouant, cet éléphanteau développe ses muscles et son sens de l'équilibre.

Le petit tigre blanc

Après avoir joué, rien ne vaut un câlin contre sa maman pour se détendre.

Le lionceau

Pour s'entraîner à chasser comme un lion, la queue touffue de maman lionne est idéale.

Les renardeaux

En se bagarrant, ces petits renards polaires apprennent à lutter pour survivre.

À qui sont ces bébés ?

Ces bébés ne ressemblent pas vraiment à leurs parents. Sauras-tu les reconnaître ?

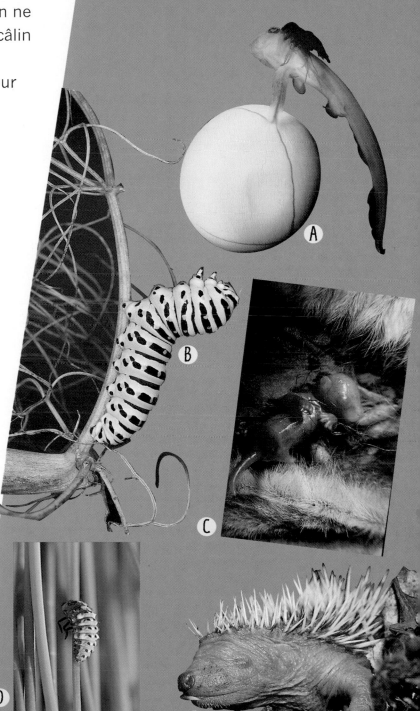

A

B

C

D

E

Voici les parents !

C'est facile de reconnaître
le parent de chaque bébé :
on leur a attribué la même lettre.

B Papillon

D Coccinelle

C Kangourou

 E Hérisson

A Requin

Tendres parents

À chacun sa façon de porter son bébé,
le principal, c'est de le protéger !

L'orang-outan

Pour ne pas tomber,
le bébé orang-outan
s'agrippe solidement
à sa mère.

L'opossum

L'opossum est un petit animal qui vit
en Amérique et en Australie. Maman
opossum porte ses petits sur son dos.

La lionne

La lionne tient
délicatement
son lionceau
dans sa gueule.

Quelques records

Le plus gros œuf du monde
est l'œuf d'autruche.
Il a la taille
d'un petit ballon.

L'opossum de Virginie reste
12 jours dans le ventre
de sa mère. C'est la gestation*
la plus courte.

L'éléphanteau reste 22 mois
dans le ventre
de sa mère.
C'est la
gestation
la plus longue.

L'ALIMENTATION DES ANIMAUX

Les animaux qui chassent le font uniquement pour se nourrir.

Certains animaux trouvent leur nourriture de façon inattendue.

Les herbivores mangent de l'herbe, les carnivores se nourrissent de viande.

Manger pour vivre

Comme nous, les animaux ont besoin de manger pour vivre. Pour cela, ils doivent souvent passer une grande partie de leur journée à chercher leur nourriture.

Prendre des forces

C'est en mangeant que les animaux emmagasinent des forces et de l'énergie*. Et il leur en faut beaucoup pour courir, nager, grimper, voler et attraper leurs proies*. Les gazelles, par exemple, sont capables de courir à plus de 80 km/h. Mais, comme une mobylette, elles doivent d'abord avoir fait le plein d'énergie. Leur essence est totalement naturelle : c'est l'herbe de la savane*!

Le **python** peut, après un bon repas, rester plusieurs semaines sans manger.

Petite taille, gros appétit

Tous les animaux n'ont pas le même appétit. Les gros animaux mangent évidemment de plus grandes quantités de nourriture, mais en comparaison de leur poids, les tout petits animaux sont beaucoup plus voraces* !

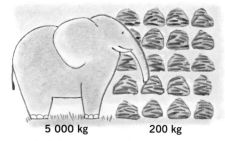

5 000 kg   200 kg

Un **éléphant** avale plus de 200 kg d'herbe par jour. Cela semble énorme, mais c'est peu comparé à son poids (5 000 kg en moyenne).

5 000 kg   200 kg   5 g   7 g

Un **roitelet huppé** consomme 7 g d'insectes par jour, c'est-à-dire presque rien. Mais, comparé à son poids (5 g environ), c'est gigantesque !

Le **grand panda** vit dans les forêts de bambous de la Chine.

Dur à mâcher !

Le grand panda est le champion toutes catégories du temps passé à manger. En effet, il ne mange que des pousses de bambou. Ces plantes ne sont pas très nourrissantes et elles sont très dures à mâcher ! Pour survivre, le grand panda doit donc manger pendant seize heures par jour.

? N'est-ce pas dommage que les lions mangent les gazelles ?

Si les lions (mais aussi les guépards ou les hyènes) ne les mangeaient pas, il y aurait trop de gazelles, et elles tomberaient malades ou bien elles mangeraient toute l'herbe de la savane et finiraient par mourir de faim.

S'il y avait trop de lions, risquerait-il de n'y avoir plus aucune gazelle ?

Il ne peut pas y avoir trop de lions, car les lions possèdent un territoire*et empêchent les autres lions d'y pénétrer. Il y a donc toujours à peu près le même nombre de lions dans la savane.

Il paraît que les lions attaquent surtout les gazelles malades, mais comment voient-ils qu'une gazelle est malade ?

Ils ne le voient pas forcément. Mais une gazelle malade est plus facile à attraper. Seules les gazelles en bonne santé leur échappent et survivent !

Vaincre la famine

En hiver ou à la saison sèche, beaucoup d'animaux ne trouvent plus de nourriture. Pour ne pas mourir de faim, ils peuvent faire des réserves, changer d'alimentation ou partir vers une autre région.

Des réserves bien cachées

L'écureuil est prévoyant. Pendant la belle saison, il cache des noisettes, des glands et des noix dans le tronc ou entre les racines d'un gros arbre. Et quand la neige et le froid rendent difficile la recherche de nourriture, l'écureuil puise dans ses réserves. Les fourmis et certains oiseaux font la même chose.

L'**écureuil roux** cache ses provisions pour l'hiver dans les arbres.

En Afrique, les troupeaux de **gnous** parcourent des milliers de kilomètres pour trouver de l'herbe.

Un grand voyage pour trouver de l'herbe

Dans certains pays, la mauvaise saison n'est pas forcément l'hiver. Dans la savane* africaine, par exemple, les troupeaux de gnous, mais aussi les zèbres et les buffles, n'ont plus d'herbe à manger quand la saison sèche arrive. Ils doivent alors effectuer un long voyage vers le nord, jusque dans des régions montagneuses où l'eau abonde et où l'herbe pousse bien. Quand la saison des pluies revient dans la savane, l'herbe repousse et les gnous regagnent leurs territoires*. On appelle ces grands voyages des migrations.

En été, la **mésange bleue** mange des chenilles.

En hiver, elle mange des graines.

Un régime pour l'hiver

Au printemps et en été, la mésange bleue se nourrit d'insectes, notamment de chenilles. Mais, à l'entrée de l'hiver, insectes et chenilles ont disparu ! Heureusement, notre mangeuse d'insectes change de régime et se met à manger des graines jusqu'au printemps suivant.

Le voyage des **gnous** est dangereux : des crocodiles les attendent au passage des rivières.

Des semaines sans manger

Le crocodile passe la plupart de ses journées à flotter entre deux eaux ou à se chauffer au soleil. Il dépense donc très peu d'énergie*, ce qui lui permet de rester plusieurs semaines sans manger. Il faut dire qu'après avoir avalé un buffle ou un zèbre, il a de quoi digérer pendant quelques jours !

? Comment l'écureuil retrouve-t-il ses cachettes de nourriture?
Il a de la mémoire, mais surtout il passe son temps à fouiller dans les arbres creux de son territoire, et c'est généralement là qu'il a caché ses réserves !

y a-t-il d'autres animaux qui font des réserves ?
Oui. Le geai des chênes, un gros oiseau forestier, fait lui aussi des provisions : il cache des glands dans le sol. Mais il oublie souvent où il les a mis !

Donc, les réserves perdues ne servent à rien ?
Si, les glands oubliés germent et de nouveaux chênes poussent çà et là dans la forêt. Le geai est en quelque sorte le jardinier de la forêt.

29

Qui mange quoi ?

Dans la nature, il y a deux grands types d'animaux : les mangeurs d'herbes, appelés herbivores, et les mangeurs de viande, les carnivores, qui se nourrissent généralement en chassant les herbivores ! D'autres mangent de tout, on dit qu'ils sont omnivores.

Les herbivores

Les herbivores ne mangent pas seulement de l'herbe, ils mangent aussi des feuilles, des jeunes pousses, des bourgeons, des fruits, des graines ou des champignons. Certains mangent de tous ces végétaux, d'autres préfèrent l'herbe ou les fruits.

Le **geai des chênes** mange des glands, des noisettes, des mûres et des framboises.

Les carnivores

Parmi les carnivores, certains ne mangent que des oiseaux, d'autres seulement des poissons, d'autres encore uniquement des insectes. Tous ont en commun d'être des chasseurs. Ils tuent d'autres animaux pour les manger : on les appelle des prédateurs leurs victimes sont des proies*.

La **girafe** mange les feuilles les plus hautes, celles que les autres animaux ne peuvent pas atteindre.

L'énorme **gorille** ne se nourrit que de feuilles et de racines.

Le **guépard** dévore les zèbres et les gazelles.

La **vache** broute l'herbe des prairies ou mange du foin.

La **baleine** se nourrit de plancton* et de petits poissons.

Les omnivores

Il existe des animaux qui, comme nous, mangent de tout : de la viande, des légumes et des fruits. Ce sont les animaux omnivores. Certains font des repas variés toute l'année, d'autres changent de régime alimentaire au gré des saisons.

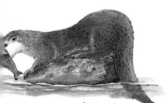

Le **balbuzard pêcheur** capture des petits poissons en plongeant les pattes en avant.

La **loutre** pêche les poissons en les poursuivant sous l'eau.

La **pie bavarde** picore tout ce qu'elle trouve : des vers de terre, des fruits, des escargots, et même des oisillons.

Le **blaireau** aime beaucoup les souris, mais aussi les végétaux.

Le **sanglier** mange tout : les racines, les fruits, les graines, les vers ou les charognes*.

En été et à l'automne, l'**ours brun** se gave de baies, de fruits, de champignons. Au printemps, il devient chasseur et mange des animaux (insectes, poissons, vers…), Mais il mange surtout de l'herbe.

Oui, le brochet, par exemple, n'hésite pas à manger des petits brochets.

Ne pourrait-il pas manger d'autres poissons ?

C'est ce qu'il fait le plus souvent, mais quand un brochet plus petit que lui tente de s'installer sur son territoire, il le mange. Ainsi, il supprime un concurrent et au lieu simplement de le faire fuir, il en fait son repas…

Est-il vrai que certains animaux mangent leurs petits ?

Certaines chouettes le font régulièrement quand la nourriture manque. Les petits les plus faibles sont sacrifiés et servent à nourrir les plus forts. Au lieu de laisser mourir tous leurs petits, les chouettes en sauvent ainsi au moins un ou deux.

31

Drôles de repas

Pour s'alimenter, certains animaux se nourrissent du sang de leurs victimes, d'autres mangent des cadavres, d'autres encore n'hésitent pas à voler la nourriture des autres.

Manger des morts...

Quand on se promène dans la nature, on trouve très rarement des animaux morts. C'est grâce au travail de tous les mangeurs de cadavres. On les appelle des charognards. Ils jouent un rôle très important de nettoyage de la nature. Que ce soient les spectaculaires vautours, les minuscules asticots ou d'autres petits insectes insignifiants.

Une **puce**

Un **moustique**

Boire du sang...

Les vampires*
n'existent pas
seulement dans
les contes fantastiques !
Les moustiques,
les taons, les tiques,
les puces se nourrissent
du sang de l'animal
(ou de l'homme !)
qu'ils piquent.

Chez les **vautours,** chacun a
sa spécialité : une espèce* de vautour
mange la viande, une autre espèce
se nourrit de la peau et des tendons*,
une troisième espèce consomme
principalement les os !

Un **taon**

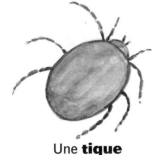

Une **tique**

Tous ces insectes
se nourrissent de sang.
On dit qu'ils vivent
en parasites*.

Au self-service

Le pique-bœuf est
un petit oiseau qui vit sur
le dos d'un rhinocéros
ou d'un buffle.
Il l'accompagne partout
et le débarrasse
de ses parasites* :
les mouches, les tiques ou
les puces qui pullulent*
sur sa peau.
Il monte également
la garde et avertit son
hôte de l'approche
d'un danger.

Le **rhinocéros** et son fidèle
compagnon : le pique-bœuf.

Au voleur !

Le labbe est un oiseau de mer.
Il laisse les mouettes pêcher pour
lui ! Dès qu'il en repère une avec
un poisson dans le bec, il la
poursuit et la harcèle en criant
jusqu'à ce qu'elle lâche son repas
pour se débarrasser
de lui. Le labbe rattrape alors
le poisson pour le manger
ou le rapporter à ses petits.

Un **labbe**
vole le repas
d'une mouette.

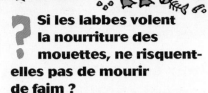

**? Si les labbes volent
la nourriture des
mouettes, ne risquent-
elles pas de mourir
de faim ?**
Non, car un labbe vit aux
dépens de dizaines, ou même
de centaines de mouettes.
Chacune perd un poisson
de temps en temps seulement.
Il lui en reste assez pour vivre
et élever ses petits.

**Pourquoi les mouettes ne
se défendent-elles pas ?**
Parce que le labbe est plus
fort et plus rapide qu'elles.
Elles ne peuvent donc pas
lui échapper. Mais, de toute
façon, le labbe ne leur fait
pas de mal, car il a intérêt
à ne pas les faire mourir.

**Est-ce que les labbes
tuent les mouettes
quelquefois ?**
Non, parce que les animaux
ne tuent que pour se nourrir
et les labbes ne mangent pas
de mouettes.

Les chasseurs

Pour se nourrir et nourrir leurs petits, beaucoup d'animaux doivent capturer et tuer d'autres animaux : ce sont des prédateurs. Ils ne chassent ni par jeu ni par cruauté, mais seulement parce qu'ils ont faim.

L'union fait la force

Chasser en groupe présente un immense avantage : celui de l'efficacité. Ainsi, une meute* de loups peut s'attaquer à un gros animal comme l'élan, qu'un loup tout seul n'arriverait jamais à tuer. Et quand la nourriture est rare, vingt loups ont intérêt à se partager un énorme élan plutôt que d'avoir à capturer chacun un lièvre.

Lorsqu'ils ont rattrapé l'élan, **les loups l'encerclent.** Puis ils cherchent à lui mordre les pattes, l'épaule, les flancs pour le faire tomber.

L'ours polaire possède un **odorat très développé.** Il peut sentir un phoque qui se trouve sous 1 m de glace.

La chouette a l'**ouïe très fine,** ce qui lui permet de localiser les mulots et les campagnols dont elle se nourrit.

Beaucoup de prédateurs repèrent leur proie grâce à leur vue perçante : ce n'est pas sans raison que l'on parle d'**œil de lynx !**

? **Est-ce que les prédateurs s'attaquent toujours aux animaux malades ?**
Pas toujours, il leur arrive de réussir à attraper un animal en bonne santé. Mais ils choisissent de préférence les animaux les plus faibles, c'est-à-dire blessés ou malades.

S'attaquer au plus faible

Quand un épervier s'abat sur une troupe de moineaux, tous s'envolent, mais seuls les plus forts et les plus habiles ont de réelles chances de lui échapper. Bien avant de lancer son attaque, l'épervier a déjà repéré l'oiseau qu'il peut attraper en dépensant le moins d'énergie* : un moineau malade, blessé, ou trop jeune pour savoir bien voler. La loi du « moindre effort » est la règle chez les chasseurs.

En mangeant des animaux malades, les prédateurs ne risquent-ils pas d'être malades eux aussi ?
Non, car la plupart des maladies ne s'attrapent pas ainsi. De plus, les prédateurs sont très résistants et n'attrapent pas les mêmes maladies que leurs proies.

La proie a sa chance

Si efficace soit-il, aucun chasseur ne réussit à capturer toutes les proies qu'il attaque. Il lui faut faire le plus souvent plusieurs tentatives avant d'en attraper une. Ainsi, le faucon pèlerin, pourtant champion du monde de vitesse en vol, doit effectuer de 5 à 10 attaques pour parvenir à capturer un oiseau. Si sa victime l'a vu suffisamment tôt, elle réussit quelquefois à garder la vie sauve en lui échappant.

N'est-ce pas injuste de s'attaquer aux plus faibles?
D'un point de vue moral, oui, mais en agissant ainsi, un prédateur rend service à ses proies. Il évite par exemple la propagation de maladies qui pourraient tuer d'autres animaux.

Patients et rusés

Pour capturer leurs proies sans effort, certains animaux ont des techniques de chasse très habiles et redoutablement efficaces. Ils savent être patients, rusés, adroits et très rapides.

Armé de patience

Le crocodile peut rester de très longues heures dans l'eau, aussi immobile qu'un tronc d'arbre. Contrairement aux apparences, il ne dort pas ! Car dès qu'une gazelle s'approche du bord de l'eau pour boire, le crocodile l'attrape de ses puissantes mâchoires. Il l'entraîne au fond de l'eau, la noie et la mange !

Pêcheurs à pied

Les grands gravelots sont des oiseaux marins qui pêchent sur les plages. Comme ils ont un bec trop court pour attraper les vers et les petites bêtes qui vivent dans la vase ou le sable humide, ils parcourent la plage à marée basse en tapotant le sol de leurs pattes. Se sentant écrasés, les vers montent à la surface, où les gravelots n'ont plus qu'à les saisir d'un coup de bec.

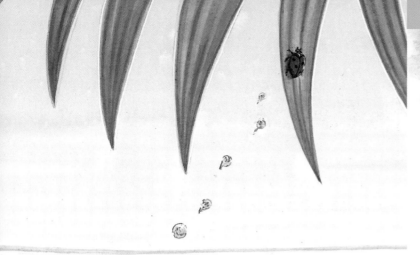

Crachat fatal

Un poisson du Pacifique, le *toxotes*, a une très bonne technique pour attraper les insectes. Caché sous l'eau, il leur envoie un fin jet d'eau avec sa bouche. Surpris, les insectes perdent prise et tombent dans l'eau... où le poisson n'a plus qu'à les manger !

Piège de soie

La toile de l'argiope, une belle araignée jaune et noire, est formée de fils de soie, recouverts d'une substance collante. Lorsqu'un criquet saute dans cette toile, il se retrouve englué et ne peut s'enfuir. L'argiope se précipite sur le criquet, le paralyse d'une morsure venimeuse, puis l'emballe dans un cocon de soie afin de le manger plus tard. Si la toile a été abîmée, l'araignée la répare avant de se remettre à l'affût*.

? Les animaux qui tendent des pièges attrapent-ils facilement leurs proies* ?
Ils doivent parfois attendre longtemps, mais ce n'est pas un problème, puisqu'ils restent immobiles, et donc ne se fatiguent pas.

N'auraient-ils pas intérêt à poursuivre leurs proies ?
À chacun sa technique. Au fil des millénaires, chaque espèce* animale a développé sa propre façon de se nourrir ou de chasser, celle qui lui a permis d'obtenir le meilleur résultat.

Comment les parents apprennent-ils cette technique à leurs petits ?
Le plus souvent, les petits apprennent en observant leurs parents, comme le font les enfants. Mais, quelquefois, le comportement de chasse est si ancien qu'il est « instinctif », c'est-à-dire que l'animal n'a pas à l'apprendre, seulement à s'entraîner* un peu.

Les mangeurs d'hommes

La plupart des animaux ont peur de l'homme et s'enfuient à son approche. Mais certains sont vraiment dangereux pour l'homme même s'ils l'attaquent rarement.

Le tigre

Le plus grand mangeur d'hommes est le tigre du Bengale. Au début du siècle, il était responsable de la mort d'un millier de personnes par an.

Les empoisonneurs

Certains animaux possèdent du venin pour tuer leurs proies. Ils l'utilisent aussi pour se défendre.

La grenouille fraise

La peau de cette grenouille d'Amazonie est enduite d'un des poisons les plus mortels qui existent.

Le requin-tigre

Ce requin est considéré comme l'animal le plus agressif avec l'homme. Il vit dans les eaux tropicales et mange tout ce qu'il peut attraper, y compris les baigneurs !

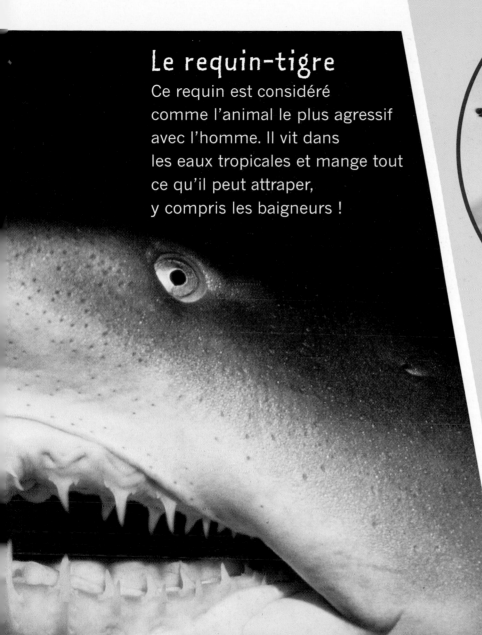

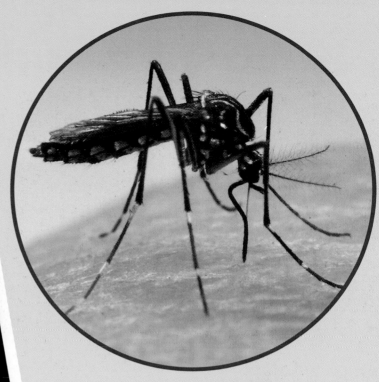

Un vrai tueur

Ce n'est pas un mangeur d'homme, ni un empoisonneur ; pourtant, chaque année, le moustique tue un million de personnes dans le monde ! C'est en leur transmettant la malaria, une maladie mortelle, que le moustique cause la mort de toutes ces personnes.

La mygale

La mygale pique rarement l'homme. Heureusement, car la piqûre de cette araignée est douloureuse et provoque beaucoup de fièvre.

La méduse

Certaines méduses possèdent de longs filaments venimeux qui, au contact de la peau, provoquent des brûlures vives.

De mère en filles

Les troupeaux d'éléphants sont composés uniquement de femelles et de leurs petits. Une femelle âgée conduit le troupeau. C'est la mère des autres femelles et la grand-mère des petits.

Qui mange qui ?

Associe les prédateurs à leurs proies.

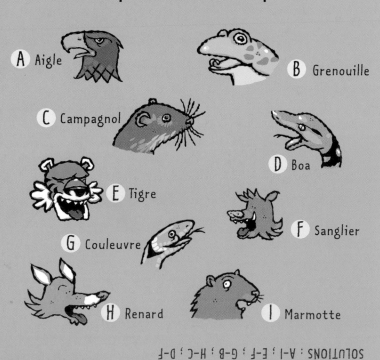

A Aigle

B Grenouille

C Campagnol

D Boa

E Tigre

F Sanglier

G Couleuvre

H Renard

I Marmotte

SOLUTIONS : A-I ; E-F ; G-B ; H-C ; D-F

Une chaîne alimentaire

Dans une chaîne alimentaire, des végétaux sont mangés par des herbivores, ces herbivores par des carnivores, ces carnivores par d'autres carnivores.

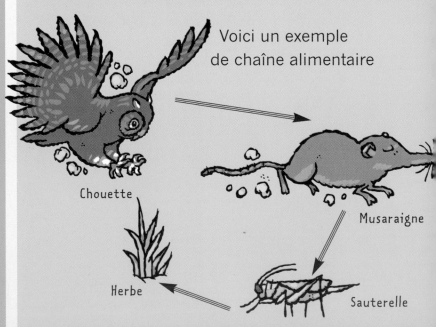

Voici un exemple de chaîne alimentaire

Chouette

Musaraigne

Herbe

Sauterelle

VIVRE EN SÉCURITÉ

Tous les moyens
sont bons
pour se défendre.

Certains animaux
savent résister à la grande chaleur,
d'autres au grand froid.

Pour ne pas être vu,
rien de tel que le camouflage.

À chacun son toit

Pour se protéger ou pour abriter leurs petits, certains animaux utilisent un nid, une tanière, un terrier, une hutte ou une grotte.

Une grotte pour l'hiver

À l'automne, la maman ourse fabrique un nid d'herbes sèches dans une grotte appelée « tanière ». Quand l'hiver arrive, elle s'y réfugie et s'endort, à l'abri du froid. Au mois de janvier, elle se réveille et donne naissance à ses oursons.

Une maison sous la terre

Pour se réfugier et élever leurs lapereaux, les lapins de garenne creusent leur terrier dans le sol. Celui-ci comporte une entrée principale et plusieurs « sorties de secours ». De nombreuses galeries relient les chambres. Les lapines mettent au monde leurs petits dans une chambre appelée « rabouillère ».

Une hutte sur l'eau

Les castors sont de grands constructeurs. Avec des branches et de la boue, ils construisent sur les cours d'eau des barrages où ils stockent leur nourriture, et des huttes confortables et bien protégées qui leur servent d'abri.

La **hutte du castor** possède une entrée sous l'eau et une chambre bien sèche au-dessus du niveau de l'eau.

Un nid très douillet

Chaque printemps, le pinson
construit un nid qu'il garnit
de plumes et de laine. C'est dans
cet abri confortable que la femelle
pinson pond ses œufs puis
élève ses oisillons.

Chaque terrier peut
abriter des dizaines
de **lapins**. Dans
certaines chambres,
les lapines préparent
pour leurs futurs petits
un lit très doux et
chaud, tapissé de poils
qu'elles s'enlèvent
de la poitrine.

**? Est-ce que tous
les animaux ont
une maison ?**

Non, certains animaux n'ont pas
de maison du tout. D'autres
ne prennent pas la peine de se
construire un abri. Le renard,
par exemple, utilise un terrier
creusé par un autre animal.

**Ceux qui ont un abri le
gardent-ils toute leur vie ?**

Pas toujours. Mais, la cigogne,
par exemple, revient toujours
sur son nid d'origine auquel
elle ajoute des branchettes
chaque année.

**Où dorment les animaux
qui n'ont pas d'abri ?**

Ça dépend : dans un buisson,
sous un rocher, sur un arbre,
dans un trou…

43

Tromper l'ennemi

Certains animaux peuvent changer de couleur, d'autres ont la chance de se fondre complètement dans le milieu dans lequel ils vivent. Cela leur permet d'échapper souvent à leurs ennemis, mais aussi de surprendre leurs victimes...

Rayures trompeuses

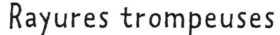

Un zèbre seul est très visible dans la savane*
à cause de ses rayures blanches et noires.
Mais les zèbres vivent en troupeaux,
et quand ils sont les uns à côté des autres,
leurs rayures se confondent et il est difficile
de distinguer un zèbre de son voisin.
Les lions ou les guépards sont très gênés
car ils n'arrivent pas à bien repérer
le zèbre qu'ils vont capturer.

La **mante religieuse** est un insecte qui se confond parfaitement avec la tige des fleurs sur lesquelles elle guette ses proies. Elle passe ainsi totalement inaperçue de ses ennemis... comme de ses proies*!

Comment les caméléons changent-ils de couleur ?
Les cellules de la peau des caméléons possèdent des pigments* colorés. Ces pigments peuvent s'agrandir ou se rétrécir, ce qui modifie la couleur de la peau.

Les caméléons peuvent-ils prendre n'importe quelle couleur ?
Non, quand il se repose, le caméléon est plutôt vert ou jaune. Lorsque la température baisse, il s'assombrit et devient gris. Lorsqu'il est en colère, il devient brun rougeâtre.

Changement de couleur

Le caméléon, ce drôle de lézard qui vit
dans les arbres des forêts tropicales*,
peut changer très vite de couleur.
Il réussit ainsi à être presque invisible
pour ses ennemis. Mais son camouflage*
lui sert aussi à s'approcher au plus près
des insectes qu'il chasse. Son camouflage
a donc deux fonctions : la défense et l'attaque !

Courage, fuyons !

Une des meilleures façons d'éviter ses ennemis est encore de s'enfuir le plus vite possible pour se mettre à l'abri. C'est une solution sage que la plupart des animaux adoptent.

Guépard contre gazelles

Les gazelles sont capables de courir très vite, et surtout très longtemps, quand elles sont pourchassées par un guépard. Même s'il est bien plus rapide que les gazelles, le guépard ne dispose que de quelques dizaines de secondes pour les attraper, car il se fatigue très vite ! Finalement, l'endurance* des gazelles leur permet souvent d'échapper au guépard, pourtant l'animal le plus rapide de la savane*.

? **Est-il vrai que les lynx, les ours et les loups s'enfuient à l'approche de l'homme ?**
Oui, et presque toujours avant même que l'homme les ait repérés.

Pourquoi s'enfuient-ils, alors qu'ils sont plus forts que les hommes ?
Parce que, d'une façon générale, les animaux sont rarement agressifs. Ils préfèrent s'enfuir plutôt que d'engager un combat inutile.

Et ils n'attaquent jamais les hommes ou les enfants ?
Non, à moins d'être blessés ou de se sentir menacés. Les loups, les lynx et les ours n'attaquent jamais les hommes, même si ceux qui les détestent essaient de le faire croire !

Tous aux abris !

Les marmottes des Alpes s'éloignent peu de leur terrier.
Quand elles sortent, il y en a toujours qui font les sentinelles*
et surveillent les alentours. Au moindre danger,
les sentinelles poussent un coup de sifflet très fort et toutes
les marmottes se précipitent à l'abri dans leur terrier.

Le **guépard** est l'animal
le plus rapide à la course.
Il peut aller aussi vite qu'une
voiture, mais seulement
sur quelques centaines de mètres.

Extrêmement méfiante,
la **marmotte** est toujours
sur le qui-vive ; son excellente
vue lui permet de détecter
tout mouvement anormal,
même éloigné.

Si un héron tente de l'attraper,
la **grenouille** bondit dans
l'eau. En quelques brasses,
elle arrive au fond de la mare
et disparaît dans la vase.

Savoir se défendre

Griffes acérées, dents pointues, poison violent, les animaux ne manquent pas d'armes pour se défendre quand ils sont en danger. Pourtant, ils préfèrent toujours éviter la bagarre en essayant d'abord de décourager les attaquants.

La **moufette** a une stratégie* très efficace pour faire fuir un ennemi. Elle commence par lever sa queue en signe d'avertissement et se met à trépigner. Puis elle tourne le dos à son adversaire en le regardant par-dessus son épaule. Si l'ennemi ne décampe pas, la moufette se dresse alors sur ses pattes de devant et lui envoie un jet de liquide qui sent très mauvais, en essayant de l'atteindre dans les yeux !

Lorsque le **cobra** se sent menacé, il dresse une partie de son corps au-dessus du sol pour intimider. Il élargit ensuite sa nuque. Puis, en sifflant, il se balance de gauche à droite ou d'avant en arrière tandis que sa langue entre et sort très vite de sa bouche.

Les **papillons** ne sont pas vraiment capables d'affronter un ennemi. Certains d'entre eux, comme le paon de nuit, ont la chance d'avoir sur leurs ailes des taches qui ressemblent à d'énormes yeux... ! Cela suffit souvent à effrayer leurs ennemis, qui croient se trouver en face d'un animal beaucoup plus gros !

Paupières baissées, gueule ouverte et lèvres retroussées, pour impressionner ses ennemis, le **babouin** montre les dents. Cette mâchoire grande ouverte est simple à interpréter : « Gare à toi si tu approches ! »

Le petit **hérisson** pourrait être une proie* facile lorsqu'il cherche de la nourriture. Mais, à la moindre alerte, en trois secondes, il se roule en boule et hérisse ses 5 000 piquants. Il devient alors une véritable pelote d'échardes.

? Si les animaux n'aiment pas se battre, à quoi leur servent leurs griffes et leurs dents pointues ?
Les griffes des fauves, les dents des requins servent bien à tuer, mais pas leurs ennemis, seulement les animaux qu'ils chassent pour se nourrir.

Les requins n'attaquent-ils pas parfois l'homme ?
Cela arrive, c'est vrai, mais plus rarement qu'on le croit. Et, dans ces cas-là, le requin considère l'homme comme un repas, pas comme un ennemi !

Quand une guêpe nous pique, est-ce pour nous manger ?
Non, c'est généralement parce qu'elle se sent en danger et que, face à un géant 10 000 fois plus gros qu'elle, elle n'a pas d'autre solution que d'utiliser son venin.

Survivre à l'hiver

Pour beaucoup d'animaux, la venue de l'hiver signifie froid et manque de nourriture. Comment font-ils pour survivre ?

La plupart des **cigognes** quittent l'Europe vers le mois d'août et atteignent l'Afrique en novembre ou décembre.

? Arrive-t-il que des animaux ne réussissent pas à survivre en hiver ?

Oui, beaucoup d'animaux meurent, en particulier les bébés. Par exemple, dans une famille de dix petites mésanges, il est rare que plus de deux survivent à leur premier hiver !

Pourquoi autant de petits meurent-ils ?

Parce qu'ils doivent apprendre à chercher leur nourriture et à s'abriter. Tous ceux qui n'y parviennent pas meurent.

Pourquoi leurs parents ne les aident-ils pas ?

Parce qu'ils ont déjà eux-mêmes du mal à trouver à manger. Seuls les jeunes les plus résistants survivent jusqu'au printemps.

L'hiver au soleil

Les cigognes n'aiment pas le froid. Aussi, dès qu'arrive la fin de l'été en Europe, elles se rassemblent en de grandes troupes et parcourent plusieurs milliers de kilomètres en direction de l'Afrique. Elles reviennent en Europe avec le retour du printemps.

Sur la banquise

Au Groenland dans le Grand Nord, l'hiver dure presque toute l'année et les phoques qui vivent là-bas doivent être capables de résister au froid. Pour cela, ils possèdent sous la peau une couche de graisse très épaisse, et sur la peau une fourrure très chaude. Tout cela les protège comme un double manteau.

Le **loir** a trouvé une façon originale de passer l'hiver : il dort ! Confortablement installé dans un nid de mousse aménagé dans un arbre creux, il s'endort profondément jusqu'aux beaux jours : cela s'appelle l'hibernation.

Bien protégés du froid grâce à leur pelage et à leur épaisse couche de graisse, les **phoques** peuvent nager et jouer pendant des heures dans l'eau glacée, ou rester sur la banquise gelée.

51

Résister à la chaleur

Dans les déserts, le soleil frappe fort et il est difficile de trouver de l'eau et de la nourriture. Pour survivre, les animaux adoptent différentes techniques : faire des réserves, s'enfouir dans le sable, et même ne pas boire du tout !

Deux semaines sans boire

Le dromadaire peut vivre 17 jours dans le désert sans boire une seule goutte d'eau ! Si le dromadaire survit aussi bien sans boire, c'est parce qu'il ne transpire pas et que son nez retient la moindre humidité de l'air quand il respire. Mais, dès qu'il trouve de l'eau, le dromadaire peut en boire plus de 100 litres en une seule fois.

? **Les animaux du désert ne trouvent-ils pas d'eau pour boire dans les oasis ?**
Non, il y a très peu d'oasis dans le désert et les animaux devraient parcourir de trop longues distances sous le soleil pour les atteindre.

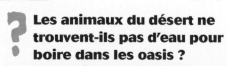

Comment font-ils quand ils ont soif ?
Beaucoup ne boivent pas et se contentent de l'eau contenue dans les quelques herbes ou les insectes qu'ils mangent.

Y a-t-il de l'herbe dans le désert ?
Il y en a en effet très peu, mais on trouve quand même quelques petites touffes ici et là, et des buissons épineux. Les animaux des déserts américains ont un peu plus de chance, car ils y trouvent des cactus, qui n'existent pas dans les déserts africains.

Quelques gouttes de rosée

Le fennec est un petit renard qui vit dans le désert. La nuit, il chasse les sauterelles et les lézards des sables. Ses très grandes oreilles lui servent à les repérer. Le fennec boit très peu. Il se contente de la rosée du matin.

Le **scorpion** est un animal des pays chauds. Pourtant, il craint la chaleur et le soleil. Aux heures les plus chaudes de la journée, il se réfugie dans son terrier et n'en sort qu'à la tombée de la nuit.

Le **fennec** possède des poils sous ses pattes qui lui permettent de ne pas s'enfoncer dans le sable lorsqu'il part chasser.

Le **dromadaire** peut rester deux longues semaines dans le désert sans boire ni manger. On croit généralement que sa bosse est remplie d'eau, mais c'est une erreur. En réalité, elle est formée de 40 kg de graisse qui lui servent de réserve de nourriture.

Le sommeil des animaux

Comme nous, les animaux ont besoin de dormir pour se reposer. Certains dorment pendant la nuit, d'autres dorment plutôt pendant la journée.

Les chimpanzés

Les chimpanzés passent la nuit dans un nid construit dans les arbres, mais ils font parfois la sieste assis par terre.

Les morses

Quand ils ont fini de se nourrir au fond de la mer, les morses dorment sur les rochers. Parfois, ils se reposent sur des morceaux de glace flottante.

Langue miracle

À l'image de cette **biche**, beaucoup d'animaux lèchent leurs plaies et font leur toilette avec leur langue.

Comment les animaux se soignent

Il n'y a pas de médecins chez les animaux sauvages. En cas de blessure ou de maladie, ils doivent se débrouiller tout seuls.

Un bain de fourmis

Le **geai** utilise le venin des fourmis pour tuer les parasites de son plumage.

Le plus grand dormeur

Le **paresseux** mange uniquement des feuilles, deux heures par jour au maximum. Le reste du temps, il dort, suspendu aux branches par ses longues pattes.

Les hippopotames

Les hippopotames dorment presque toute la journée et se nourrissent d'herbe pendant la nuit.

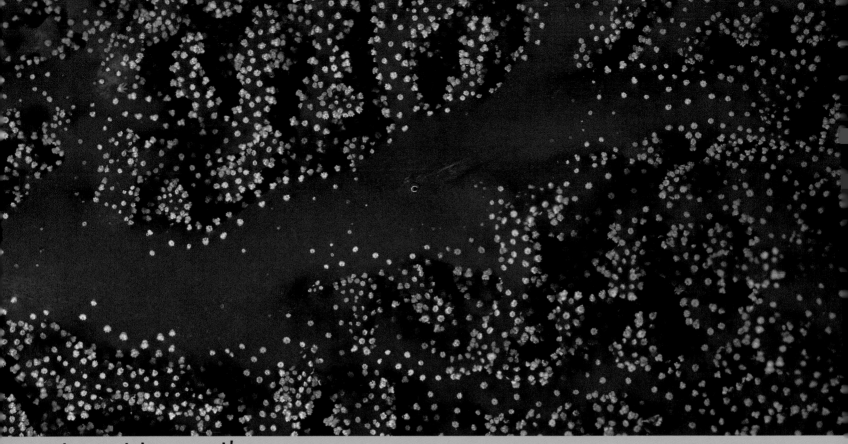

Le gobie corail Immobile parmi les coraux, ce poisson de Papouasie devient invisible.

Les plus beaux camouflages

Certains animaux peuvent se camoufler car ils ont la forme ou la couleur de l'endroit où ils vivent.

Le papillon de nuit

Il passe la journée posé sur des feuilles où ses ennemis ne peuvent pas le voir.

Le guépard

Son pelage tacheté évoque les taches d'ombre et de lumière des hautes herbes de la savane.

Le serpent à tête plat

Il ressemble aux branches sur lesquelles il se déplace.

VIVRE AVEC LES AUTRES

Certains animaux vivent en groupe...

... d'autres animaux vivent tout seuls.

Les abeilles, les fourmis et les termites vivent en sociétés très organisées.

Seuls ou en couples

Certains animaux vivent seuls la majeure partie de leur vie et ne cherchent un compagnon que pour faire des petits. D'autres vivent en couples parfois pendant quelques mois, parfois pour la vie entière.

L'**ours polaire** vit généralement tout seul. L'ours mâle vit parfois en compagnie d'un autre ours mâle. Il arrive même que certains ours restent ensemble plusieurs années.

Le **vison** est un animal très solitaire. Mâle et femelle ne se retrouvent que pour se reproduire. Dès que la femelle attend des petits, elle quitte immédiatement le mâle.

Les **pumas**, comme la plupart des grands félins*, vivent complètement seuls. Ils évitent le plus possible de croiser d'autres pumas, et mâle et femelle ne se rencontrent, brièvement, que pour se reproduire. Ils repartent ensuite chacun de son côté.

Les **crocodiles** vivent parfois les uns près des autres, mais ils n'ont pas de vie de famille : mâle et femelle mènent leur vie séparément, en célibataires.

Les **renards** roux vivent en couples du début de l'année à l'été. Le mâle nourrit la femelle durant les deux semaines suivant la naissance des bébés. Puis il chasse avec elle pour rapporter à manger aux petits.

Les **aigles royaux** s'unissent pour la vie. Chaque couple construit plusieurs nids et c'est la femelle qui choisit chaque année celui dans lequel elle pondra ses œufs.

Les **cygnes** sauvages sont très fidèles. Certains forment des couples avant même d'être en âge de se reproduire. Ils peuvent ainsi connaître une période de fiançailles d'au moins une année.

? y a-t-il beaucoup d'animaux qui vivent seuls ?
Non, beaucoup passent leur vie en couples ou en troupeaux. Ce sont généralement les animaux chasseurs qui sont solitaires.

Pourquoi les animaux chasseurs vivent-ils seuls ?
Parce que, si un troupeau de zèbres se partage facilement l'herbe de la savane*, un couple de tigres a plus de mal à se répartir les quelques sangliers et cerfs de la forêt.

Les tigres vivent seuls parce qu'il n'y a pas assez à manger pour deux ?
Oui, le mâle et la femelle évitent ainsi de se disputer les proies*.

La vie de famille

La plupart des jeunes animaux quittent leurs parents quand ils sont adultes. Mais certains passent plusieurs années avec eux, formant ainsi une véritable famille.

Les **gibbons** vivent dans les forêts d'Asie. Le mâle et la femelle gibbon sont unis pour la vie. Ensemble, ils élèvent leurs petits jusqu'à l'âge de quatre ans. Ensuite, ils les chassent de leur territoire*.

Les **orques** forment des petites troupes de 5 à 20 animaux qui représentent vraisemblablement une famille. Les signaux sonores qu'ils émettent sont différents d'un groupe à l'autre, ce qui leur permet de se reconnaître.

Les meutes de loups

Les loups vivent en groupe. Les meutes* de loups sont très bien organisées : il n'y a qu'un seul chef et chaque loup a une place et un rôle bien précis dans le groupe. Les meutes sont formées d'un couple – le chef et sa femelle – et de tous ses petits. Si la femelle meurt, le mâle chef en choisit une autre et la meute reste soudée. En revanche, si le mâle meurt, souvent la meute se sépare.

Combien y a-t-il de loups dans une meute ?

En général, les meutes sont constituées de 5 à 8 loups, mais elles peuvent être plus importantes et rassembler plus de 30 animaux.

Les loups d'une meute restent-ils toujours ensemble ?

Ils peuvent rester ensemble quand seul le couple de parents se reproduit. Si les autres loups se reproduisaient aussi, il y aurait trop de petits et cela mettrait la meute en péril.

Et si les autres loups veulent se reproduire ?

Alors ils doivent quitter la meute, chercher un partenaire et, avec lui, fonder une autre meute.

Les **blaireaux** vivent en clans dans un terrier. Les clans de blaireaux peuvent réunir jusqu'à 12 animaux. Ils sont constitués d'un mâle et d'une ou de plusieurs femelles, accompagnés de leurs petits de l'année et de ceux des années précédentes. Parents, grands frères et grandes sœurs protègent les plus jeunes contre les dangers, mais ne les nourrissent pas.

? Quand les animaux sont regroupés, n'est-il pas plus facile pour leurs ennemis de les capturer ?
Non, il est plus facile de les trouver, mais pas de les capturer. Par exemple, quand un lion attaque un troupeau de buffles, il en voit tellement qui courent dans tous les sens qu'il ne sait pas lequel attraper, ce qui permet aux buffles de fuir.

Si les buffles sont plus nombreux que les lions, pourquoi s'enfuient-ils au lieu de se défendre ?
Qu'ils soient seuls ou en troupeaux, les buffles ont peur des lions et ils s'enfuient aussitôt quand ils les voient chasser.

Alors, ça ne sert à rien qu'ils se regroupent !
Mais si, parce qu'un buffle seul qui rencontre des lions en chasse n'aurait aucune chance de leur échapper.

La vie en groupe

Pour se protéger de leurs ennemis, certains animaux vivent en groupes de plusieurs familles. Ils peuvent ainsi se défendre plus facilement et élever leurs petits en toute tranquillité.

Ensemble au bord de l'eau

Au printemps, des milliers de flamants roses se rassemblent sur des bancs de sable au milieu de lacs ou d'étangs. Chaque couple construit un nid de boue séchée pour pondre et élever son petit. Bien qu'ils vivent tous ensemble, chaque couple possède une petite surface autour de son nid, dans laquelle les voisins n'ont pas le droit de pénétrer.

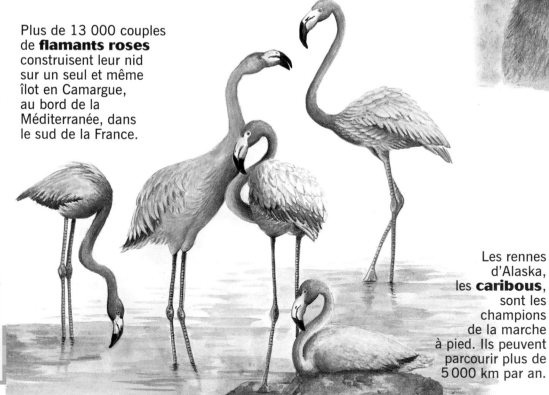

Plus de 13 000 couples de **flamants roses** construisent leur nid sur un seul et même îlot en Camargue, au bord de la Méditerranée, dans le sud de la France.

Les rennes d'Alaska, les **caribous**, sont les champions de la marche à pied. Ils peuvent parcourir plus de 5 000 km par an.

Le **lion** est une exception parmi les fauves car il vit en groupe. Chaque groupe n'est pas formé d'une famille avec le père, la mère et les enfants, comme chez les loups, mais d'un harem*. Le lion a plusieurs femelles et tous leurs lionceaux sont ses petits.

Dans le Grand Nord

Toute l'année, les rennes vivent et se déplacent en groupes. En hiver, ces groupes sont formés de 4 à 30 rennes, dirigés par le mâle ou la femelle dont les bois* sont les plus imposants. En été, les divers groupes de rennes se rejoignent pour former d'immenses troupeaux de 10 000 à 100 000 animaux. Ils migrent* ensemble vers des régions où abondent les plantes et les lichens*, dont ils se nourrissent.

La vie en société

Certains insectes, les abeilles, les fourmis, les termites, vivent dans des sociétés très bien organisées où chacun a son rôle. Il y a des ouvriers, des soldats, des sentinelles, des nourrices et des agents d'entretien...

À chaque âge son travail

Les abeilles vivent en colonies. Une colonie comprend trois sortes d'abeilles adultes : une seule reine, 2 500 mâles, appelés faux bourdons, et environ 50 000 ouvrières. Dès leur naissance, les abeilles se mettent au travail. Leur vie est courte : elle dure environ deux mois, et leur travail change à mesure qu'elles vieillissent.

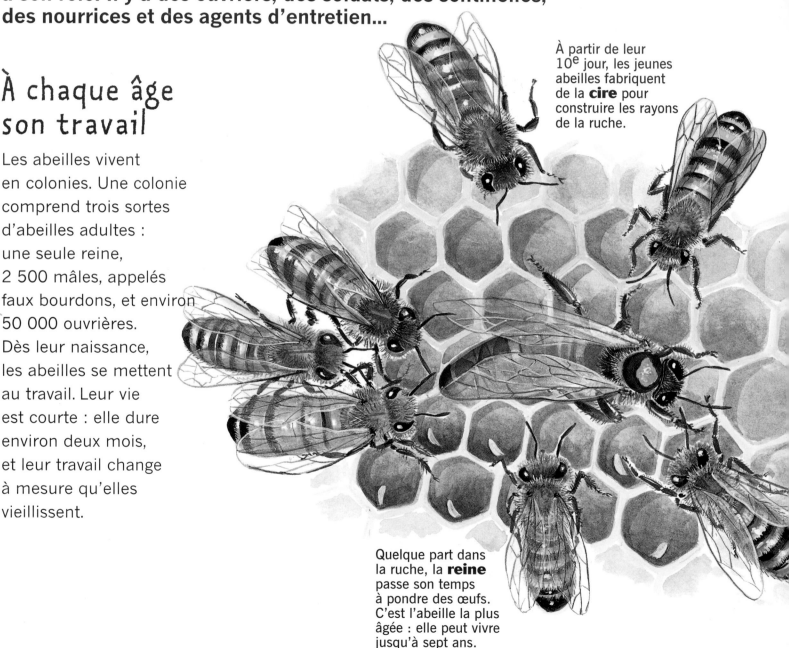

À partir de leur 10e jour, les jeunes abeilles fabriquent de la **cire** pour construire les rayons de la ruche.

Quelque part dans la ruche, la **reine** passe son temps à pondre des œufs. C'est l'abeille la plus âgée : elle peut vivre jusqu'à sept ans.

Comment les abeilles font-elles le miel ?

Tout d'abord, chaque abeille visite des centaines de fleurs de la même espèce* pour récolter le nectar, un liquide sucré contenu dans les fleurs. Ensuite, elle le rapporte à la ruche et le confie à des abeilles plus jeunes. Pour réunir un litre de nectar, elles doivent effectuer entre 20 000 et 100 000 voyages.

Ce sont les jeunes abeilles qui fabriquent le miel ?

Oui, elles mélangent le nectar avec de la salive puis stockent le mélange dans des alvéoles que d'autres ouvrières recouvrent d'un bouchon de cire. Petit à petit, le liquide durcit et devient du miel très sucré et très parfumé.

C'est quoi, des alvéoles ?

Ce sont des petites chambres aux murs de cire. Les abeilles en fabriquent pour déposer les œufs de la reine et stocker le miel. Les alvéoles sont construits les uns contre les autres et forment les rayons de la ruche.

À partir de leur 20e jour, elles deviennent **butineuses**. Elles récoltent sur les fleurs le nectar qui sert à faire le miel. Elles font ce travail pendant cinq semaines, jusqu'à leur mort.

À l'âge de 16 jours, elles transforment en **miel** le nectar récolté par les butineuses.

Dès l'âge de 4 jours, les jeunes abeilles nourrissent les **larves***, avec de la gelée royale pour la future reine, du miel pour les futures ouvrières.

Pour éviter qu'il ne fasse trop chaud dans la ruche, des ouvrières se placent à l'**entrée de la ruche** et agitent leurs ailes comme des ventilateurs.

Les jeunes abeilles passent leurs trois premiers jours à **nettoyer** la maternité.

65

Communiquer

Les animaux communiquent entre eux. Bien sûr, ils ne parlent pas comme nous, mais ils sont tout de même capables de se comprendre.

? Est-ce qu'on peut parler aux animaux ?
Non, c'est très difficile. Même si l'on arrive un peu à comprendre ce qu'ils expriment, il est généralement impossible d'utiliser leur langage.

Pourtant, les chiens comprennent quand on leur parle ?
Oui, ils comprennent les ordres qu'on leur donne, mais ils réagissent plus aux gestes que l'on fait et au son de notre voix (doux ou en colère) qu'aux mots que l'on prononce.

Mais les perroquets sont bien capables de parler comme nous ?
Certains perroquets savent reproduire des paroles et même des phrases, mais ils le font comme ils imiteraient le bruit d'un robinet ou le ronronnement d'un moteur. Ils répètent ce qu'ils entendent mais ne savent pas employer le mot juste au bon moment.

Le langage des animaux

Presque tous les animaux communiquent avec leurs semblables par des attitudes, des gestes, des grimaces ou des cris, mais aussi par des odeurs ou des couleurs. Ils peuvent ainsi exprimer leur colère, leur amour, la menace ou la peur.

Pour dire à un autre animal : « Tu es ici chez moi, pars immédiatement ou je t'attaque ! », le **gorille se frappe la poitrine**.

Un singe qui en épouille un autre
lui fait comprendre : « Tu es mon ami,
je t'aime bien. »

Cris et hurlements

Les divers cris des animaux ont tous
une signification précise. Ils servent à signaler
leur présence, à éloigner un rival, à attirer
un partenaire, à prévenir d'un danger, à exprimer
la peur ou la douleur, ou à apaiser un congénère*.
Certains cris ne sont compréhensibles que par
les animaux de la même espèce*, mais
d'autres, comme les cris de danger,
sont compris par tous les animaux.

Le loup hurle
pour appeler
ses amis, comme
s'il voulait leur dire :
« Je suis ici, et vous,
où êtes-vous ? »

Propriété privée

Dès qu'il est adulte, un animal a besoin, pour lui tout seul ou pour le groupe dont il fait partie, d'un espace vital où il trouve suffisamment de nourriture et un abri pour ses petits. Ce territoire est à son seul usage ou à celui de son groupe. Tous les autres en sont exclus.

Le **tigre** imprègne d'urine les arbres autour de son domaine. Il vérifie ensuite que les autres animaux peuvent bien sentir cette odeur.

Les **coyotes** et les **bisons** ne mangent pas la même chose : ils peuvent vivre dans la même prairie.

Marquer son territoire

Pour délimiter leur domaine, de nombreux animaux, comme le tigre mais aussi le chien, urinent sur les arbres ou les pierres. On dit qu'ils marquent leur territoire*. Les odeurs indiquent aux autres animaux qu'ils ne doivent pas pénétrer dans cet espace. Elles servent également à attirer un ou une partenaire.

Bon voisinage

S'ils ne mangent pas la même nourriture et n'élèvent pas leurs petits dans les mêmes lieux, des animaux d'espèces* différentes peuvent vivre sans problème sur le même territoire*. Par exemple, un troupeau de bisons peut partager la même prairie que des coyotes. Les bisons se nourrissent uniquement d'herbes qu'ils broutent pendant la journée, tandis que les coyotes mangent des petits animaux qu'ils chassent dès la tombée de la nuit.

Le **faucon pèlerin** survole ou surveille son territoire depuis un rocher élevé. Si un autre faucon pèlerin y pénètre, le propriétaire des lieux le pourchasse immédiatement en criant.

Comme la plupart des animaux, les faucons cherchent un endroit qui ne soit pas occupé par d'autres faucons et qui fournisse des abris et de la nourriture.

Est-ce qu'un animal garde le même territoire toute sa vie ?
En général, oui, si c'est un animal sédentaire* comme le renard. Mais les oiseaux migrateurs doivent reconquérir leur territoire chaque printemps, à leur retour d'Afrique.

Comment les oiseaux font-ils pour s'approprier un territoire ?
Les premiers arrivés s'y installent et empêchent d'autres oiseaux d'y pénétrer. En général, les oiseaux délimitent leur territoire en chantant. Leur chant signifie alors : « Ici, c'est chez moi ! »

Mais qu'ont-ils de

Les animaux sont capables de performances inaccessibles à l'homme : courir très vite, vivre sous l'eau... Voici quelques champions du règne animal.

Le cobra

Comme tous les serpents, le cobra est pratiquement sourd, mais il ressent les vibrations transmises par le sol.

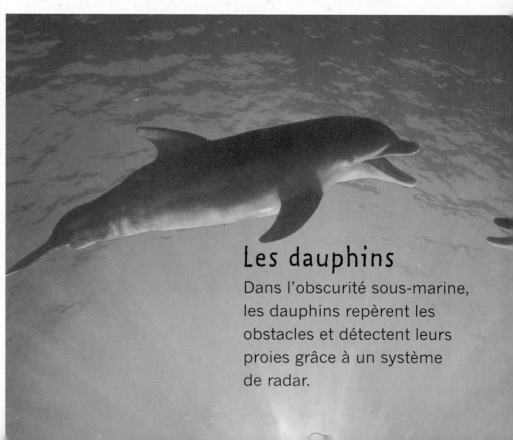

Les dauphins

Dans l'obscurité sous-marine, les dauphins repèrent les obstacles et détectent leurs proies grâce à un système de radar.

Le guépard

Champion de course à pied, le guépard atteint 115 km/h en vitesse de pointe, de quoi courir le 100 mètres en 3 secondes.

lus que nous ?

Quelques records

Le **faucon pèlerin** est l'animal le plus rapide du monde. Il est capable de voler à plus de 200 km/h.

Certains **papillons de nuit** ont un odorat exceptionnel.

La **bécasse** peut voir tout autour d'elle sans tourner la tête.

Le loup

Le loup repère ses proies grâce à son odorat très fin. Son cousin, le chien-loup, est utilisé pour retrouver des personnes enfouies sous la neige après une avalanche.

Les mots des animaux

Quand le chat n'est pas là, les souris dansent.
Quand le chef n'est pas là, ses employés en profitent pour faire ce qu'ils veulent.

Se jeter dans la gueule du loup.
Se précipiter vers quelque chose de dangereux.

Être une poule mouillée.
Être peureux, lâche.

Être heureux comme un poisson dans l'eau.
Être parfaitement à l'aise.

Il y a anguille sous roche.
Il y a quelque chose de caché dans cette histoire.

Reconnais ces poissons

A Requin-marteau

B Poisson-clown

C Poisson souffleur épineux

D Poisson-perroquet

E Poisson-napoléon

1

2

3

4

5

SOLUTIONS : A-2 ; B-3 ; C-5 ; D-1 ; E-4

Glossaire

A

Affût : Être à l'affût, c'est guetter sa proie.

B

Bois : Les bois d'un animal sont les cornes, en forme de branches d'arbre, qu'il a sur la tête.

Bramer : Bramer pour un cerf, un daim ou un renne, c'est faire entendre son cri, le bramement.

C

Camouflage : Le camouflage, c'est l'ensemble des techniques qui permettent de dissimuler quelque chose à quelqu'un.

Charogne : Une charogne est le cadavre d'un animal à demi décomposé.

Congénère : Un congénère est un animal qui appartient à la même espèce qu'un autre.

E

Endurance : L'endurance est la capacité à résister à la fatigue, aux difficultés ou encore à la douleur.

Énergie : L'énergie, c'est la force physique. C'est aussi une force capable de produire de la chaleur, du mouvement, de faire fonctionner une machine.

Équateur : L'équateur est un cercle imaginaire qui sépare la Terre en deux moitiés égales.

Espèce : Une espèce animale est un ensemble d'animaux qui se ressemblent et qui se reproduisent entre eux.

F

Fécondation : La fécondation, c'est la rencontre d'une cellule mâle et d'une cellule femelle qui aboutit à la formation d'un nouvel être vivant.

Félin : Les félins sont des mammifères carnivores de la famille du chat.

Forêt tropicale : Une forêt tropicale est une vaste étendue d'arbres qui se situe à proximité des tropiques.

G

Gestation : La gestation est la période durant laquelle la femelle, chez les mammifères, porte le petit dans son ventre.

H

Harem : Le harem est, chez les musulmans, l'ensemble des épouses d'un homme.

L

Larve : Une larve est une forme que prennent certains animaux, avant d'atteindre l'état adulte.

Lichen : Le lichen est un végétal, formé d'un champignon et d'une algue, qui pousse sur les arbres ou les pierres. Le lichen est très résistant, aussi bien à la sécheresse qu'au froid.

M

Mammifère : Les mammifères sont des animaux qui ont des poils sur le corps et des mamelles pour nourrir leurs petits avec du lait.

Meute : Une meute est un groupe d'animaux qui vivent ensemble.

Migrer : Migrer, c'est se déplacer dans une direction déterminée à une époque particulière de l'année.

P

Parasite : Un parasite est un être vivant qui vit sur ou dans un autre être vivant et dont il se nourrit.

Pigment : Un pigment est une substance contenue dans un organisme vivant qui lui donne sa couleur.

Plancton : Le plancton est un ensemble d'animaux ou de végétaux, de très petite taille, qui vivent en suspension dans l'eau.

Proie : Une proie est un animal dont un autre animal s'empare pour le manger.

Pulluler : Pulluler, c'est se trouver en très grand nombre, en abondance.

S

Savane : La savane est une immense plaine des régions tropicales, couverte de hautes herbes et d'arbres dispersés.

Sédentaire : Être sédentaire, c'est être fixé dans une région et ne pas se déplacer.

Sentinelle : Une sentinelle est une personne ou un animal qui fait le guet.

Stratégie : Une stratégie est un plan d'action qui tient compte des possibilités de réaction d'un adversaire.

T

Tendon : Un tendon est la partie d'un muscle qui s'amincit pour venir se fixer sur l'os.

Territoire : Un territoire est une partie d'un terrain que s'attribue un animal.

Tropique : Les tropiques sont deux cercles imaginaires situés au-dessus et au-dessous de l'équateur.

V

Vampire : Un vampire est une chauve-souris d'Amérique tropicale, qui mord parfois des mammifères endormis pour boire leur sang.

Vorace : Être vorace, c'est avoir toujours faim, manger vite et beaucoup.

Index

Crédits photographiques

p. 22-g	G. Lacz-Sunset		p. 39-hd	D. Heuclin-Bios
p. 22-d	M. Harvey/Fotonatur-Bios		p. 39-b	J. Warden-Fotogram-Stone Images
p. 22-bg	G. Lacz-Sunset		p. 40	A. Wolfe Fotogram-Stone Images
p. 22-bd	Klein/Hubert-Bios		p. 54-g	Cancalosi/P. Arnold-Bios
p. 23-hg	Marcus-Sunset		p. 54-d	Ch. Krebs-Fotogram-Stone Images
p. 23-hd	D. Wrobel/BPS-Fotogram-Stone Images		p. 55	Denis-Huot-Bios
p. 23-mg	Denis-Huot M & C-Bios		p. 56-h	D. Hall-Fotogram-Stone Images
p. 23-md	Seitre-Bios		p. 56-bg	A. Wolfe-Fotogram-Stone Images
p. 23-bg	P. Arthaud-Sunset		p. 56 bm	A Wolfe-Fotogram-Stone Images
p. 23-bd	FLPA-Sunset		p. 56-bd	D. Halleux-Bios
p. 24-a	Rotman Jeffrey L.-Bios		p. 70-h	I. Davis-Fotogram-Stone Images
p. 24-b	Noto Campanella Y.-Bios		p. 70-bg	T. Flach-Fotogram-Stone Images
p. 24-c	G. Lacz-Sunset		p. 70-bd	S. Westmorland-Fotogram-Stone Images
p. 24-d	NHPA-Sunset		p. 71	A. Wolfe-Fotogram-Stone Images
p. 24-e	M. Philipps-Sunset		p. 72-1	Audet-Sunset
p. 24-mg	D.J. Cox-Fotogram-Stone Images		p. 72-2	D. Perrine-Sunset
p. 24-mm	NHPA-Sunset		p. 72-3	Klauss-Sunset
p. 24-md	K.Schafer/WWF Inta-Bios		p. 72-4	G. Lacz-Sunset
p. 38-hg	Seitre-Bios		p. 72-5	Sunset
p. 38-hd	N. Wu-Fotogram-Stone Images		p. 72-b	G. Lacz-Sunset
p. 38-bg	T. Ulrich-Fotogram-Stone Images		couverture (dos)	G. Lacz-Sunset
p. 38-bd	S. Cooper-Fotogram-Stone Images			

N° projet 10073225 (I)18 CSBTS 135 Mars 2000

Imprimé en Italie par G. Canale & C. S.p.A. (Turin)

(c) Larousse / HER 2000. 21, rue du Montparnasse, 75 006 Paris. ISBN 2-03-565024-0

Photogravure Offset Publicité